( ) がつ ( ) にち ( ) ようび　　レベル ★☆☆☆☆

おきにいりを さがして

おんなのこの おきにいりの ぼう
みほんと おなじものを みつけて
○で かこみましょう。

解けたら、花まるを
描いてあげましょう。

 同図形発見と位置の理解の問題です。正解の場所を「右の棚の上から1段目」というように、言葉で表現してみましょう。また、正解以外の帽子と見本との違いも説明できるようにしましょう。

( )がつ ( )にち ( )ようび　レベル ★☆☆☆☆

ワンタを さがして

おとこのこが かっている ワンタは どれかな。
みつけて ○で かこみましょう。

ワンタは こんな いぬだよ。
・みみが たれている。
・くびわに さんかくの かざりが ある。
・いつも べろを だしている。

( )がつ ( )にち ( )ようび　　レベル ★★☆☆☆

おかあさんを さがして

おんなのこの おかあさんは どこかな。
みつけて ○で かこみましょう。

おかあさんは こんな かっこうを しているの。
- かみのけが みじかい。
- ポケットの ついた エプロンを している。
- スカートを はいている。
- もようが ある エコバッグを つかっている。

読解力と観察力の問題です。条件に合う人に○をつけたり、消したりしながら考えていきましょう。全部で条件が4つあることも確認しましょう。

( )がつ ( )にち ( )ようび

まいごを さがして

まいごの おんなのこは どこかな。
みつけて ○で かこみましょう。

まいごの おんなのこを さがしています。
・クマの リュックを しょっています。
・みずたま もようの ピンクの ワンピースを きています。
・あたまに リボンを つけています。

( )がつ ( )にち ( )ようび　レベル ★★☆☆☆

おなじものは どれ?

みほんと おなじものは どれかな。
みつけて ○で かこみましょう。

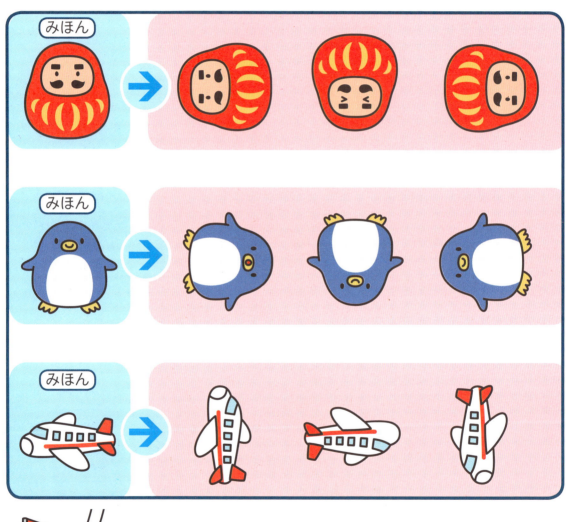

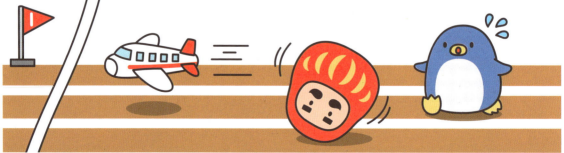

図形の回転と同図形発見の合わさった問題です。見本が回転するとどうなるのか、頭の中で考えましょう。難しいようなら、本を回転させて考えてもよいでしょう。

おなじものは どれ？

みほんと おなじものは どれかな。
みつけて ○で かこみましょう。

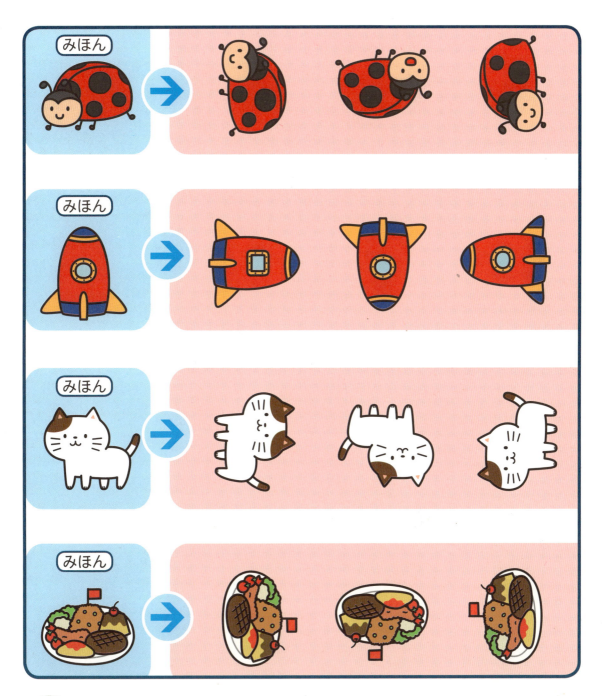

せんとうは　だれ？

5にんで　おおなわとびを　しているよ。
しゃしんを　みくらべて　いちばん　ひだりの　ひとに
○を　つけましょう。

( )がつ ( )にち ( )ようび　レベル ★★☆☆☆

ただしい じゅんばんは?

おとこのこが がっこうに いくよ。
がっこうに つくまでの じゅんばんを かんがえてね。
ただしい じゅんに あいうえお を □に かきましょう。

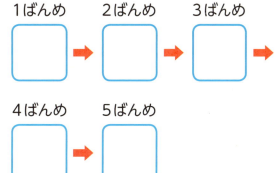

1ばんめ → 2ばんめ → 3ばんめ →
4ばんめ → 5ばんめ

絵から状況を読み取る問題です。最初と最後の絵は、すぐにわかりますね。最初の男の子と、出会ったお友達の数をヒントにして考えていきましょう。

( )がつ ( )にち ( )ようび

みちじゅんを おしえて

おとこのこが おじさんの いえに おつかいに いくよ。
ちずを みながら みぎと ひだり、どちらに
すすめば いいかを メモの □ に かきましょう。

レベル ★★☆☆☆

どっちに すすめば
おじさんの いえに いけるかな?

おじさんの いえまでの みちじゅん

1　ぼくの いえを でたら 　[　　　]　に すすむ。

2　おはなやさんの かどを 　[　　　]　に まがる。

3　ゆうびんきょくの まえを 　[　　　]　に まがる。

4　やおやさんの かどを 　[　　　]　に まがる。

5　こうえんが みえたら 　[　　　]　に まがる。

6　すこし あるくと おじさんの いえに つく。

( )がつ ( )にち ( )ようび　レベル ★★★☆☆

ただしいものは どれ？

「てんかいず」は くみたてると サイコロの かたちに なるよ。したの てんかいずを くみたてて できるのは どれかな。ただしいものの ばんごうに ○を つけましょう。

立体の展開図の問題です。組み立てたときの果物の向きをよく考えましょう。また、組み立てたとき、向かい合う面の果物は何と何になるかも考えてみましょう。

(）がつ（ ）にち（ ）ようび　レベル

ただしい ものは　どれ？

「てんかいず」は　くみたてると　サイコロの　かたちに なるよ。したの　てんかいずを　くみたてて　できるのは どれかな。ただしいものの　ばんごうに　○を　つけましょう。

立体の展開図の問題です。組み立てたときのお菓子の向きをよく考えましょう。また、組み立てたとき、向かい合う面のお菓子は何と何になるかも考えてみましょう。

( )がつ ( )にち ( )ようび　レベル ★★☆☆☆

おさらは どれ？

バイキングで りょうりを えらびました。
おんなのこの おさらは どれか わかるかな。
ただしいものを ○で かこみましょう。

わたしが えらんだのは これだよ。
・エビフライ　2ほん
・ハンバーグ
・スパゲッティー
・プリン

読解力と観察力の問題です。条件をよく読んで、条件に合わないお皿を1つずつ消しながら考えましょう。
他にも問題をつくって質問してみるのも楽しいですね。

(　)がつ(　)にち(　)ようび　　レベル ★★☆☆

かうのは　どれ？

イチゴが 8こ のった まるい ケーキを かうよ。
ただしいものを ○で かこみましょう。

数の比較と指示の理解の問題です。まず、決められた条件をきちんと把握しましょう。次に、条件に合わないものを1つずつ消していきながら正解を見つけましょう。

(　)がつ（ 　 ）にち（ 　 ）ようび　レベル ★★☆☆☆

ちがうのは どこ？

マラソンを している ようすが みずうみに うつっているよ。もとの えと ちがう ところを 7こ みつけて ○を つけましょう。

もとの え

すいめんに うつった え

鏡を使った間違い探しと同じです。上下対称になっています。実際に水たまりや池などで、どのように映るかを確認してみましょう。

(　)がつ　(　)にち　(　)ようび　　レベル ★★★☆☆

ただしい　はんこは　どれ？

もとの　はんこを　おすと　どうなるかな。
ただしいものの　ばんごうを　○で　かこみましょう。

対称図形の問題です。まずは、左右対称ではない、普通のはんこを実際に押してみて、左右反対になることを確かめてみましょう。問題では、手の位置などわかりやすいところに注目して考えていきましょう。

( )がつ ( )にち ( )ようび　レベル ★★★★☆

はやいのは　だれ？

うんどうかいの　かけっこの　しゃしんが
やぶれて　しまいました。1ばんに　なったのは　だれかな。
みつけて　○を　つけましょう。

( )がつ ( )にち ( )ようび　レベル ★★★☆☆

おもいのは　だれ？

どうぶつたちが　おもくらべを　しました。
かるい　じゅんに　１から　４の　すうじを
□に　かきましょう。

ライオン　クマ　ウサギ　キリン

シーソーを使った比較の問題です。まず、基準とする動物を１つ決めましょう。例えばクマを基準にするならば、クマよりも重いのは、また逆に軽いのは、というように考えていきましょう。

( )がつ ( )にち ( )ようび　レベル ★★★★☆

とびらの　かぎは　どれ？

したの　とびらの　あいた　ところに
ピタリと　あう　かぎは　どれかな。
ただしいものの　ばんごうを　○で　かこみましょう。

図形による欠所補充の問題です。形が明らかに違うものを最初に除きます。次に、月の先の部分がどのようになっているかを考えるとわかりやすいですね。回転させながら考えていきましょう。

(）がつ（ ）にち（ ）ようび　レベル ★★★☆☆

きんこの　かぎは　どれ？

したの　きんこの　かぎあなに
ピタリと　あう　かぎは　どれかな。
ただしいものの　ばんごうを　○で　かこみましょう。

 対称図形の問題です。はんこと同じ考え方ですね。左右が逆になります。全体を漠然と見ていては、わかりません。まずは、下の部分が違う鍵を除いてみるなど、どこに注目すればよいかを考えていきましょう。

(　　)がつ(　　)にち(　　)ようび　レベル ★★★☆☆

はんにんは　だれ？

したの　8にんの　なかに　とけいを　ぬすんだ
はんにんが　いるよ。はんにんの　とくちょうを
よく　よんで、みつけたら　○で　かこみましょう。

はんにんの　とくちょうを　おしえよう。
・かみの　ながい　おんなの　ひと。
・ぬすんだ　とけいを　つけている。

( )がつ ( )にち ( )ようび　　レベル ★★★☆☆

スパイは　だれ?

したの　9にんの　なかに　スパイが　いるよ。
スパイの　とくちょうを　よく　よんで、
みつけたら　○で　かこみましょう。

スパイは　こんな　とくちょうを　もっているぞ。
・しかくい　かおで、はなの　よこに　ほくろが　ある。
・めがねを　かけている。
・まゆげが　ふとい。

読解力と観察力の問題です。条件に合わない人を消しながら考えていきましょう。めがねをかけて、眉毛が太いという下2つの条件から考えるほうがわかりやすいかもしれませんね。

( )がつ ( )にち ( )ようび　レベル ★★★☆☆

おなじものは　どれ？

もとの　えと　おなじものは　どれかな。
みつけて　○を　つけましょう。

同図形を発見する問題です。着目すべき相違点は何だろうと考えることが、この問題の出発点といえます。正解以外の選択肢と元の絵との違いを言葉で説明してもらうのもよいでしょう。

( )がつ ( )にち ( )ようび　レベル ★★★★☆

おなじものは　どれ？

もとの　えと　おなじものは　どれかな。
みつけて　○を　つけましょう。

同図形を発見する問題です。注意力を発揮して正解を見つけましょう。★のマークや２本線など、わかりやすい特徴から比べていくのがよいかもしれませんね。

( )がつ ( )にち ( )ようび　　レベル ★★★☆☆

かわったのは　だれ？

がっしょうの　れんしゅうを　しているよ。
うえと　したで　ばしょが　いれかわった　こが、
3にん　います。その　3にんに　○を　つけましょう。

もとの　え

いれかわった　あとの　え

注意力と観察力の問題です。見逃しがないように左から右、上から下と順序よく見ていきましょう。口の形は変わっているので、髪形、目、眉などに注目して考えましょう。

(　　)がつ (　　)にち (　　)ようび　レベル ★★★☆☆

のりおりしたのは　だれ？

えきに　ついて、5にんが　おりて　4にんが　のりました。
おりた　5にんは、うえの　えに　○を　つけましょう。
のってきた　4にんは、したの　えに　△を　つけましょう。

もとの　え

のりおりした　あとの　え

数の比較と観察力の問題です。もとの絵は8人です。5人降りたということは何人残っているのかを考え、上と下で同じ人を3人見つければよいことに気づきましょう。

( )がつ ( )にち ( )ようび レベル ★★★★☆

ちがう ガラスは どれ？

ガラスを わっちゃった！ われた ガラスを くみあわせて もとに もどしましょう。でも ちがう ガラスが 1つ まじっているので、みつけて ◯で かこみましょう。

図形の合成、分割の問題です。相違点を見つけるための注意力が必要になります。窓と、割れた窓ガラスのパーツを1つ1つ見比べて、同じ形のものに印をつけながら考えていきましょう。

( )がつ ( )にち ( )ようび　レベル ★★★★☆

あてはまるのは　どれ？

したの　3つの　えの　あいている　ところに
ピタリと　あてはまるのは　どれかな。
みつけて　ばんごうを　○で　かこみましょう。

1　2　3

1　2　3

1　2　3

図形による欠所補充の問題です。相違点を見つけるための注意力が必要になります。これは違うな……という直感も、ある程度必要かもしれません。難しいようなら、抜けているところに描きこんでみましょう。

( )がつ ( )にち ( )ようび　レベル ★★★☆☆

おおきいのは　どれ？

どうぶつたちが　それぞれ　ちがった　ふくを
きているよ。ふくが　おおきい　じゅんに
1から　5の　すうじを　□に　かきましょう。

順番の問題です。動物のからだの大きさに、服の大きさも比例することがわかればOKです。2番目に大きいのはどれ？というような問題もやってみましょう。

( )がつ ( )にち ( )ようび レベル

サイコロの めは いくつ?

3つの サイコロの ❓ には
どの すうじが はいるかな。
ばんごうを ○で かこみましょう。

サイコロの みほん
サイコロは 1の うらが 6、2の うらが 5、3の うらが 4です。

( )がつ ( )にち ( )ようび　レベル ★★★★☆

ぼくを　さがして

こどもたちが　はんごとに　せの　じゅんに　ならんでいるよ。
「ぼく」が　どこに　いるか　わかるかな？
みつけて　○で　かこみましょう。

・ぼくは　せが　たかい　ほうだ。
・ぼくの　はんは　おとこのこが　おおい。
・ぼくの　となりは　ふたりとも　おんなのこだ。

読解力と観察力の問題です。条件を満たしていないものを１つずつ消していくという、消去法で考えていきましょう。落ち着いて考えれば、難しい問題ではありませんよ。

（　　）がつ（　　）にち（　　）ようび

レベル ★★★★☆

ただしいものは　どれ？

もとの　えを　それぞれ　かがみに　うつすと
どれに　なるかな。したの　3つの　なかから　みつけて
ただしいものの　ばんごうを　○で　かこみましょう。

もとの　え

対称図形の問題です。鏡に映すと、すべてが左右対称になります。スイーツはプリンとソフトクリームの巻き方に、カンガルーはしっぽと子どもの手に、女の子は前髪と重ねてある本に注目して考えましょう。

(　)がつ (　)にち (　)ようび　　レベル ★★★☆☆

ただしいものは　どれ？

ひだりの　２つの　ずけいを　かさねると、
みぎの　３つの　うちの　どれに　なるかな。
みつけて　ばんごうを　○で　かこみましょう。

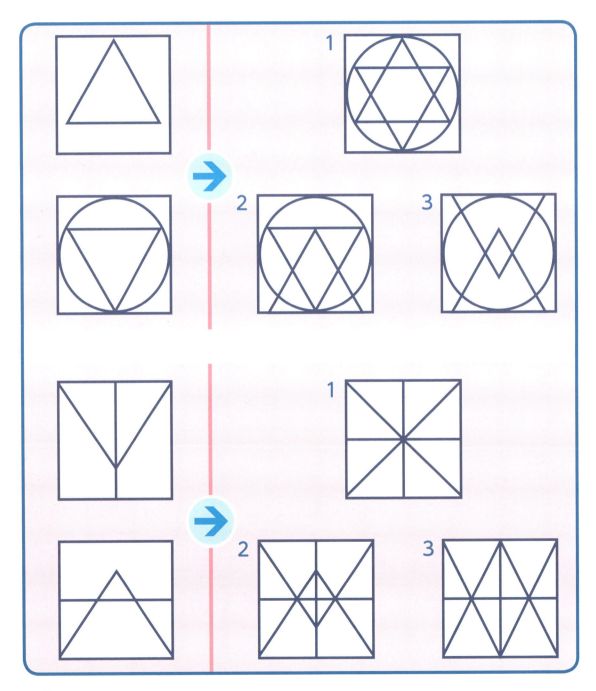

( )がつ ( )にち ( )ようび　レベル ★★★★☆

だれの しゃしんかな？

しゃしんが バラバラに なってしまいました。
うつっていたのは 3にんの うちの だれかな。
みつけて ばんごうを ○で かこみましょう。

(　　)がつ(　　)にち(　　)ようび　レベル ★★★☆☆

なんじの　しゃしんかな？

1にちの　ようすを　しゃしんに　とりました。
したの　3まいは　なんじの　しゃしんかな。
わかったら　それぞれの　□に　あいうを　かきましょう。

( )がつ ( )にち ( )ようび　レベル ★★★☆☆

バスの ざせきは どこ？

3にんの バスの ざせきは どこかな。
わかったら それぞれの □に あ・い・うを かきましょう。

ひろとくん：ぼくは りこちゃんより まえで つうろがわだよ。

りこちゃん：わたしは つうろがわで となりも おんなのこよ。

そうたくん：ぼくは りこちゃんより うしろで となりは あいているよ。

読解力と位置の理解の問題です。まず、そうた君から、条件を1つずつ考えてみましょう。そして、りこちゃんとひろと君は、どちらが前でどちらが後ろなのかを考えると、わかりやすいと思います。

(　　)がつ(　　)にち(　　)ようび

ぼくの　いえは　どこ？

ゆうとくんは　マンションに　すんでいます。
ゆうとくんの　いえは　どこかな。したの　3にんの　はなしを
よく　よんで、みつけたら　○で　かこみましょう。

レベル ★★★★★

ぼくの いえが どこか わかるかな。

ゆうとくん

( )がつ （ ）にち （ ）ようび　レベル ★★★★☆

おなじものは　どれ？

もとの　えと　おなじ　きんぎょばちを
1こ　みつけて　○で　かこみましょう。

( )がつ ( )にち ( )ようび　レベル ★★★★☆

おなじものは　どれ？

もとの　えと　おなじ　ロボットを
1こ　みつけて　○で　かこみましょう。

同図形を発見する問題です。どこがどう違っているのかを、言葉で確認してみてください。選択肢をしぼってから細かい違いを探していくと、速く見つけられますよ。

( )がつ ( )にち ( )ようび　レベル ★★★★★

だれの　ものかな？

4にんの　こどもが　じぶんの　おもちゃと　いっしょに
しゃしんに　うつっています。
だれが　どの　おもちゃか　せんで　つなぎましょう。

(　　)がつ(　　)にち(　　)ようび　レベル ★★★★★

ネコと ネズミを ならべて

あいている マスに ネコと ネズミを かきましょう。
ネコと ネズミが おなじ れつに 4ひき はいる ことは
ありません。ネコと ネズミの かずは おなじだよ。

　ある一定の条件を成立させる法則推理の問題です。まずは「同じ絵が4つ並ばない」という条件をクリアしましょう。残り2マスになったら、今度はネズミとネコの数が同じであるという条件に従いましょう。

( )がつ ( )にち ( )ようび

ハロウィンで さがして

おおぜいで ハロウィンパーティーを しているよ。
みかちゃんが どこに いるか わかるかな。
みつけて ◯で かこみましょう。

読解力と観察力の問題です。ほうきとかぼちゃのバッグを持つという条件から考えるとわかりやすいですね。
条件に合わない人を消しながら考えていくのもよいでしょう。

みかちゃんは こんな おんなのこだよ。
・まじょの かっこうを している。
・さきの とがった くつを はいている。
・ほうきと、かぼちゃの バッグを もっている。

すいりパズルの こたえ

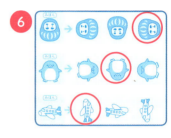

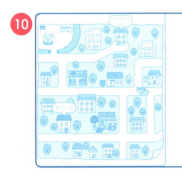

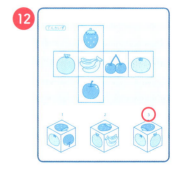

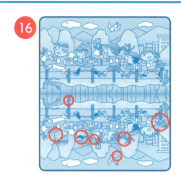

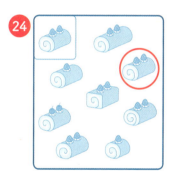

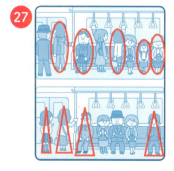

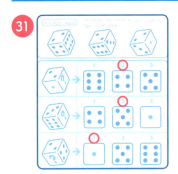

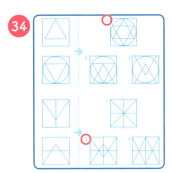

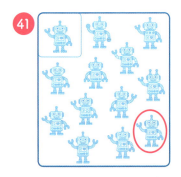